Johannes Dickebohm
Aus den Katakomben der Ungeduld
Gedichte

Ein unterirdischer Gewölbekomplex, der der Bestattung von Toten dient. Ein Ort, an dem permanentes Schweigen ein elementares Kennzeichen ist und dem die Eigenschaft der Ungeduld unbekannt sein dürfte. AUS DEN KATAKOMBEN DER UNGEDULD. Ein aufdringliches Paradoxon. Ein weites Feld.

Der Autor ist unbedingt ungeduldig. Der Gedanke, dass Mitmenschen seine Erscheinung und seinen Charakter fortwährend in Schubladen verfügen, lässt ihn bereits fahrig werden. Die Kapitel dieses Gedichtbandes lassen sich nicht unter ein Thema subsumieren (Schubladenprävention). Der Mangel an Geduld, bzw. die Permanenz der Ungeduld während der Entstehung der Gedichte machten die Fokussierung auf ein Thema unmöglich. Die Diversität der Kapitel ist womöglich Resultat der Ungeduld des Autors. Menschen geraten regelmäßig ins Visier eigener Ungeduld. Sie ist Fluch und Segen. Sie trägt etwas Mystisches, Paradoxes an sich und liegt in unermesslichen Untiefen verborgen. Dort schwebend treibt der Autor im steten Konflikt mit der Ungeduld und versucht zu schwelgen, zu träumen und zu lesen, lesen, lesen ...

Laut Bundespersonalausweis mit den Namen THOMAS BERNHARD JOHANNES DICKEBOHM ausgestattet und 1985 in Meppen geboren. Dickebohm studierte in Osnabrück und wohnte zwischendurch auch mal woanders, z. B. in Budapest. Er lebt im Emsland und arbeitet dort als Rechtsanwalt.

Johannes Dickebohm

# Aus den Katakomben der Ungeduld

Gedichte

Bibliografische Information der Deutschen Nationalbibliothek:
Die Deutsche Nationalbibliothek verzeichnet diese Publikation in der Deutschen Nationalbibliografie; detaillierte bibliografische Daten sind im Internet über http://dnb.ddb.de abrufbar.

ISBN 978-3-96103-303-4



www.rediroma-verlag.de
11,95 Euro (D)

# *Inhalt*

Handeln, das ist die letzte Zuflucht derjenigen, die keine Phantasie haben, nichts mit der Zeit anzufangen wissen.

***Oscar Wilde***

Pour ... niaiser et fantastiquer.
Die Zeit zu vertrödeln
Und sich in Phantastereien zu ergehen.

***Montaigne***

Es gibt keine Liebe ohne Erinnerung, keine Erinnerung ohne Kultur,
keine Kultur ohne Liebe. Deshalb ist jedes Gedicht ein Faktum
der Kultur wie ein Akt der Liebe und ein Blitzlicht
der Erinnerung, und ich würde anfügen - des Glaubens.

***Joseph Brodsky***

Wenn wir noch nicht einmal wissen, wie wir den Menschen dienen sollen, wie können wir wissen, wie wir den Geistern dienen? Wenn wir nichts über das Leben wissen, wie können wir etwas über den Tod wissen?

***Konfuzius***

# Spleens und andere Weisheiten

So ist auch dieser Tag
wie jeder
Gleich, ob ich ihn mag

-

## Das Leben

Einatmen und ausatmen,
einatmen und ausatmen,
das war‘s im Prinzip.

-

Der Schuldner ist
dem Gläubiger sein
Tod.

-

wir schweigen
oder
wir sprechen

wir schwiegen
und
wir sprachen

Das war‘s

-

# Ein Leben im Konjunktiv lohnt sich nicht

hätte hätte Fahrradkette

-

Stell dich dorthin, wo
du noch nie warst, wo
von keinem Atemzug der Wind
fremder Atem dich je traf

-

Gedicht muss
Hypnose sein
und endlich
unendlicher
Schein.

-

im Gedicht bin ich high
w i d e r w o r t e f r e i

-

## Geboren für den Abschied

Warum sich über etwas freuen,
der Abschied kommt doch noch.

-

nackt
frei von interpunktionen
klein oder großschreibung
sometimes i shit on konventionen

-

Ja, nein, Vielleicht.
Ja. Okay, eher nein.

-

## Angestiftet durch ein Zitat Søren Aabye Kierkegaards

Mit jeder Wahl töten wir endgültig die anderen Optionen,
und dann, folglich immer, distanzieren wir uns von ihnen.

Vielleicht waren sie schon tot.

-

Manchmal glaube ich, ich sei nicht ich,
doch das glauben, glaube ich,
so Manche über sich.

wie mystisch

Manchmal glaube ich,
ich glaube nur deshalb,
um einem schleichenden
Atheismus vorzubeugen.

Als eine Art Atheismus-Prophylaxe.

-

Wie langweilig wäre das Leben
ohne Krankheit, Schmerz oder Tod,
das Maximum der Emotionen
wäre kein Nennenswertes.

Es verliefe auf einem engstirnigen Bergpfad.

-

Sterben, sterben
Bewusst oder unbewusst
Das ist unser Dürfen und Können
Das ist unser Muss

-

# Loslösung von der Alltagsagonie

Während Toilettengängen
Trübsal erhängen

Ketten sprengen
Knechte versenken

innehalten
Inhalte verwalten
Im Anfang suchen
Tabula rasa, hello!

-

Wo ist der Trick
zum Leben,
wo klicke ich?

-

Hör nicht auf Sorgen,
hör auf, dir welche zu machen,
setze dich hin,
betrachte einen Gegenstand,
sieh mit Verstand
seine Ruhe an,
Gewinn.

-

Die Wahrheit ist in jedem Raum
Du durchschreitest einen
Doch siehst sie kaum

-

nur noch Fragen, alle
Antworten unterwegs
vergessen

-

## Pantheismus

πᾶν θεός
Pān theós
alles Gott
eins mit der Natur
eins mit dem Kosmos
eins mit des Monotheisten Spott

-

Hast du Angst vorm Tod?
Wie vor etwas Angst haben,
was man nie erlebt?!

-

## I.

wirst geboren
bohrtest dich nicht selbst
hinein in diese Welt
ungefragt ins Verlorensein
es kam der Tod und in ihm bleibt
seine Geborgenheit

## II.

Wahlloses Stück
maximal passives Wahlrecht
schlicht unfreies Glück regelrecht
das ist Anti-Uto
das ist Dystopie

-

I r g e n d w o
im Nirgendwo,
ruft Irgendwer
die Feuerwehr,
Eins Eins Zwo.

-

In der Natur der Sache,
in der Sache der Natur.

In der Natur der Sache
erklären sich die Sachen,
in der Sache der Natur
heißt es, weitermachen.

-

## Zivilisation

Z i v i l i s a t i o n
ein Baustein ist
der Zivilist
eine Weltenall-Sensation

-

gewöhnlichkeiten in üblichkeiten
statt staub zu diskreditieren
solltes du ihn atmen

vergebung ist weit
und doch stets da

-

In
Niederlagen oder Siegen
Frieden oder Kriegen
Im
Tod hören Waagen
vermutlich auf zu wiegen.

-

## Durchhalten

Man sollte, ähm,
ja doch, man sollte
irgendwie durchhalten,
bis zum Schluss.

-

## nicht schlüssig

der zukünftige
vornehme vorteil
von vergangenheit?

du erlebst noch keine für dich
ungeeigneten überraschungen

und

du brauchst dir nicht mehr
den kopf über das sterben
von vertrauten
zu zerbrechen
die noch nicht
starben

-

was wär ich ohne wäre
ich wäre ungefähr,
wie Ehre

was wär ich ohne sein
ich wäre ungefähr,
wie Schein

ich wär ausschließlich
und beinah wie Leere

-

ich denke an Gestern
und dachte an Morgen

ich denke an Gestern
an Morgen dachte ich

ich dachte an Heute
werde an Heute denken

ich dachte zur Abwechslung
mal

-

Zwei Menschen sprechen miteinander,
der eine holt sich ein bisschen Ich,
der andere macht es ebenso,
beide wandern zu sich.

-

Verzeihe den Zeiteinheiten
ihre Genauigkeit
und Rücksichtslosigkeit,
sie sind genau genommen gleich groß

-

Lasse den Tag nicht vorrübergehen, ohne einmal in den Himmel zu blicken und zu versuchen, das Leben zu verstehen.

So neigte sich der Kopf dem Himmel zu,
die Augen weiten sich und du
blickst vollumfänglich
und bist per du.

-

Luft
mach dir Luft
mach dir Lust
auf Leben

-

## Ernte

Entdecke und finde in dem,
was du tust, das Gesuchte.

-

## Wissenschaft vs. Religion

Wissen
schafft
Unwissen

-

auf die frage, wie spät es ist, können wir nie,
nie rechtschaffend antworten,
denn in dem moment, in dem wir antworten
ist es später als zu der zeit
als gefragt wurde, wie spät es ist;
wir antworten schlicht und einfach stets zu spät
und sollten daher häufiger mal die fresse halten

Ich liebe die letzten Minuten des Nachmittags.

-

# Beobachtungen / bewundern / träumen

## Persönlicher Widerstand III

Weil
ein rascher,
doch ruhender Blick hinein
eine magische Erfahrung erfährt,
weil ich zumindest in diesem Sinne religiös bin,
weil die Menschheit stets Neues entdeckt und oft Altes entbehrt,
weil sie manchmal wiederfindend Altes wiederentdeckt und so wiederbegehrt,
weil das Unwissen sich erbärmlich langsam unserem Wissen nähert,
weil das Unbekannte den Menschen lehrt und nicht umgekehrt,
weil unsere Natur letztlich die Wahrheit verehrt,
weil vor der Möglichkeit der Möglichkeit
mein Bewusstsein sich leert,
sich verneigt und
schweigt.

-

## Vorm Spiegel

Verlust des Selbstbetruges
Verlangsame den Moment der Atemzüge

Zwei, drei Narben
Hautunebenheiten hier und da
Schwarze Härchen sprießen nimmersatt
buschige, tiefschwarze Augenbrauen
müder und zufriedener Blick
Beschnuppern der Finger

Streicheln durch den wuschigen
buschigen borstigen
Oberlippenbart.

Ich bin nackt
und freue mich
auf heißes Wasser.

-

die Erinnerungen, die ich vergaß
sind einmal ein dunkler Himmel
mit Sternen voll

und ich bin hier
was muss ich tun

was muss ich tun
um dem Himmel
nahe zu kommen
und nach einem
Stern zu greifen?

-

## Verfahrenes Licht

Verfahrenes Licht
In Obhut einer Sternenallee
Esperanto erlernst du im Nu
und der Zauber von Atlantis
fragt schon nach dir

Schatten unter der Haut
Möglichkeiten? Ach, Haupt!
Letzter Kampf mit Fragen
in der Kette deines Selbst
Mit dem Ursprung der Zeit
und dem Ende zugleich

Eingeborener des Lichts
im Eintippen eingekehrt
Die Finger auf das Blatt
Tippe auf das Blatt, auf
das lauwarme Blatt, ab
ins helldunkle Nichts

Im Verfahrenen Licht geboren

Im Schatten nennbaren Lichts
verbirgt sich Hybris und dort
hin eilt eine gerechte Nemesis

Im Ursprung der Zeit
und im Ende zugleich
Der Ursprung der Zeit
und das Ende zugleich
sprachen schon zu Dir

-

## das Anagramm von Heimat lautet Tamieh

**I.**

das Anagramm von Heimat lautet Tamieh
und niemand will es wissen
ich warte nur ab, bis der Tag vergeht
seit ich denken kann bin ich innerlich zerrissen

**II.**

seit der Mensch denken darf, gibt's Redebedarf
im Warten und Denken und Zweifeln und Kreisen
finde ich mich immer, immer immer, immer wieder
und Leiden

keinen Schimmer auf welcher Seite der Zeit ihr seid
mit Ja´s Nein´s und Vielleicht´s in das nächste Leid

Enttäuschung Täuschung Trödel
und ungeeignet sich wohlzufühlen

-

# 09.01.2016

**I.**

ich warte ab
bis der tag
keine absicht
mehr hat

es ist die 25.Stunde.

**II.**

als das staubknäuel
aus meiner hand glitt
kam es frei
um gefangen zu sein

in der masse allein.

**III.**

die kirche
was tobt dort
an diesem lobort?

**IV.**

kein warten
frei und zu zweit
glaube minus illusion
gleich null und nicht ich

wenn tod nicht wär
wenn neid nicht wär
blieben wir ungefähr

-

der Blick aus dem beleuchteten
Badezimmer / in den dunklen
Flur / durch einen winzigen
Spalt

ähnlich wie der, der
zwischen Tür und Angel
lebt

der Kontrast zwischen hell und
dunkel ist irgendwie da / ist
irgendwie anders, tatsächlich,
drastisch, klar

-

bekenne dich zu der Möglichkeit
dass der Widerschein des flackernden Feuers in der Nacht
vergleichbar ist mit dem sich im
- auf dem Boden verweilenden verdampfenden -
Wassertropfen spiegelnden Licht

es gibt geschichten, die wir sofort wieder vergessen
auch deine zukunft widmet ihnen keinerlei aufmerksamkeit mehr
und es gibt geschichten, an die denkst du bis an dein ende

bedenke
dass auch dies in die reihe
feuerwiderschein und
spiegelndes wassertropfenlicht
sich reiht

-

Ich schloss das Fahrradschloss
auf, stopp.

Jetzt weiter,
aber langsamer, tiefer, bewusster.

Ich tippe, atme, stinke, blicke, rieche meine Füße,
gegenwärtig in einem Rausch,
Orangen-Nektar von ja!, Zettel, Röhrenfernseher,
22.08.2013, 20:37 Uhr, Dämmerung,
seit 30 Minuten auf Toilette,
groß
...

-

Flugzeugkerosinstreifen
verraten mir, du bist auf
Reisen

Der Gang hinauf
Die Treppe auf meinem Schoß
Dein Kopf mit Farben im Klang

Deine Silhouette genügt sich und gibt dich
Dein Gesicht ist Farbe in dem letzten Ton
doch auf dem letzten Ton ist Transparenz
Eintritte sind frei, dekadente Diskretionen
vorbei

-

## Blick von hier und dort auf die Sachen

eine laterne im licht
eine laterne mit licht
eine L. spendet licht

im schatten der straße
eine laterne und licht
aus ihrem bauch und

eine scharr ameisen,
nein horden von sogar,
unbemerkt, ich erwähne sie nur

ein Nachbar schaut von der Terrasse auf eine Laterne
die vor 38 Jahren dort aufgestellt wurde und seit dem
insgesamt 18 Mal von insgesamt 5 verschiedenen
Jugendlichen „ausgetreten“ wurde

-

## Das Flair von Baudelaire

Der Rausch hat viele Facetten,
die Einen beten stundenlang,
die Anderen rauchen Ketten,
der Mensch folgt seinem Drang.

Und einem Ruf,
der Zukunft
schuf.

-

## Moment mal, Gegenwart

-Studien, Assoziationen, Antizipationen-

Verloren auf dem Tisch
auf dem ich tippe,
dahindenkend.

Gestützt mit spitzen Ellenbogen
auf schwerem Eichenholz.

In gleicher Frequenz
nehme ich Außenbewegungen von Gartentieren
wahr
oder
deren Kausalitäten.

Zum Beispiel Wellen und Luftbläschen
im Gartenteich,
oder ...

*... Salvator Dali und Francis Bacon*
*haben beide schon einmal*
*einen Freud gemalt*[1] *...*

---

[1] Salvator Dali hat kurz vor Sigmund Freuds Tod von diesem ein Portrait gemalt in Anwesenheit von Stefan Zweig. Zweig war es unangenehm, das Ergebnis Freud zu präsentieren, da in dem Bild der von Krankheit gezeichnete Freud zum Ausdruck kam und sein bevorstehender Tod. Bacon hat „Three Studies of Lucian Freud“ (Triptychon) gemalt. Lucian Freud war der Enkel von Sigmund Freud.

Schon träume ich in unbewussten Strömungen
von dem, was üblich ist
aber auch erforderlich.

-

## Zwischen den Elementarteilchen

Ohne Wahl
aufgetaucht in diese Welt
und eingetaucht in ein Leben,
das uns zunächst einmal gefangen hält,
in dem wir denken, handeln, fühlen, streben.

Jeder in seiner Geschichte
trifft auf andere mit ihren Geschichten
trifft auf ihre Freuden, ihr Glück,
auf ihre Klagen, ihren Wehmut,
ihre Hoffnung und Demut.

Jeder schreitet von Hürde zu Hürde,
fährt seine Bahnen auf und ab,
gewöhnt sich an die Stumpfheit und
die Öde eines manchmal bitteren Alltags,
spürt Risse, aber auch unermüdliche Flicken,
die uns charakterisieren.

-

Steine auf einem Sonderweg
Vögeln lauschen von früh bis
spät

Winter ohne Schnee
profan

Vierstöckige Vorortbauten ohne Balkone
läutern diesen Winter nicht
Birken mit herabhängenden, kahlen Peitschen
Eine Schar Star oder Amsel stumm über die Dächer
Hellblauer Himmel mit Flugzeugkerosinstreifen
Dämmerung in meinen Augen
Irgendjemand ist immer auf Reisen

Ein Rabe rappt bis Mitternacht
und ein neuer Tag steht auf und irgendwann
...
Die Sonne scheint
und der Eintritt ist frei

Die Pause
sakral

-

## Verwandlung

Jeder austretende Gedanke,
verkörpert in der Handlung,
ob ich laufe, mich bewege,
alles ist Verwandlung.

Sehen, hören,
riechen, schmecken,
tasten,
alles ist Verwandlung.

Auf Toilette Kaffee trinken,
am Grabe witzig sein,
Nase putzen, im Dunkeln winken,
ja und nein.

Danke Mama,
danke Papa,
euer Sex sei Dank,
alles ist Verwandlung.

-

Ein Fussel am Rande der Bettmatratze,
Eine Leselampe auf On, In ihrem Licht
leuchtet der Schatten verkorkster Haare
und unter mir mein dunkellila Bettlaken,
das seit Wochen nicht gewaschen wurde.

-

## immer dollar absurd

Edvard Munch´s Der Schrei 119 922 500
Jeff Koons´ Balloon Dog 58 400 000
Francis Bacon´s Triptychon 142 400 000

-

Ein ausschließlich rechtwinkliger Raum
mit abertausenden parallelen Tischen.
Draußen bläst der Wind in dieselbe Richtung.
Ein Stuhl steht schräg.

-

## Ritual der Ticks

Tag täglich nerven sie uns Menschen,
glänzen reuelos frei von Rücksicht,
ständig stündlich störende Tendenzen
begleiten dich dicht, dicht an dicht.

-

Kölner Karneval
Kostüm sitzt

Der Blick über einige tausende
Menschen. Kaum ein Unterschied zu sonst:
Wind bewegt Blatt im Baum
Der übliche Prozentsatz an Menschen kaut Chewing Gum
Da bei rund 1500 Menschen geschätzt 1 Mal pro Sekunde
jemand pupst, pupsen jede Sekunde einige Menschen in
jedermanns unmittelbarer Umgebung, ein klassisches
Pupskonzert
Es wird wohl noch häufiger gepupst aufgrund des
höchstwahrscheinlich erhöhten Fast Food Konsums an diesen
Tagen.

Die chemische Formel für Sauerstoff ist *H2O*

Ich stelle mir vor wie die Männer und Frauen
ihr Geschlecht tauschen und dann - plötzlich -
sind alle
nackt

Das war´s

-

## Einsamkeit

Die Augen standen offen zwar,
offensichtlich sahen sie klar,
doch Denken, Handeln, Fühlen war,
als wären sie nie geschlossener.

-

## Riga, März 2012

Ich sitze in einem fremden Café
in einem unbekannten Land,
vor mir lebt und stirbt das Gebäck,
ich schließe meine Augen und bin entspannt,
ich vernehme Stimmen, die mir nichts sagen,
wie fremdes Gepäck.
(wie so oft das Leben)

-

Von Salat schrumpft der Bizeps
Von Kollegah der Hippocampus

Einen Blick in den Fernseher und
Einen nach Draußen in die Natur

Vergleich der Musik von heute
Mit der von vor 50 Jahren und
Der Musik von vor 500 Jahren

-

## des Herbstes wegen

Buntblätter zierende Automobile. Parkend.

Nass der graue Teer.

Feucht-gelb-rote Blätter auf dem Karosseriedach.

Unfertige Gedanken, vom Aussprechen weit entfernt,
formen ein abrupt-klebendes Cellulosematerial um
die Finger.

Pioniere dieser Generation wagen eine These:
Die Hand verhält sich zum Blatt
wie der Prophet zum Berg,
wie Eisen zu einem Dauermagneten.

Dazwischen jeweils
ein Medium.

-

Die Erdkugel löste ihre Nähte
und dehnte sich zu einer Scheibe,
alle Menschen standen draußen
und starrten in den Himmel,
von dort rasten leuchtende Sternschnuppen auf sie zu
und änderten kurz vor dem vermeintlichen
Zusammenstoß die Richtung,
sie warfen Anker, die in den Erdboden eindrangen
und dann zogen sie die Scheibe in
Überlichtgeschwindigkeit
fort.

-

Alle Gegenstände
geben sich die Blöße,
ergeben sich der Schwerelosigkeit.

Gleich, ob schwer oder leicht.

Ihr Eigenleben sehnt sich
hinter die Wände,
was Bände spricht
und einem Chaos gleicht.

-

Heute Mist im Kopf,
eine Art Dünnschiss,
mal grob und klumpig,
gestern miesgelaunt,
übermorgen die Welt umarmt,
mit Gänsehaut gestaunt,
heute eitel, bald wieder spiegellos,
heute Geld, morgen knapp bei Kasse,
heute so, morgen so und so und so,
gestern irgendwie eher Fußball,
morgen schlägt das Herz für ...,
die Stimmungen drehen durch.

-

Wir suchen den Fund
und finden die Suche

Laufen und erstarren manchmal
mit aufschiebender Wirkung
bis zur Entscheidung über die Hauptsache.

Und laufen in sämtlichen Aspekten immer wieder auf Grund.

-

Jeder Mensch legt den Kopf in den nächsten Stunden auf ein Kissen
und muss schlafen.

Fast jeder Mensch bekommt andauernd Luft in die Atemwege
und muss atmen.

Viele Menschen schlafen zu wenig
Viele rauchen Zigarette

Der Wind fährt draußen in alle Richtungen
Niemand weiß was es heißt Mensch zu sein

-

Ich wusste noch nie,
warum ich dieses oder jenes schrieb,
der Grund für das Verkörpern von Gedanken auf Papier
ist und bleibt mir schier
unerklärt, doch lieb.

-

die nacht bleibt stumm

keine vorfreude auf die
farben des morgigen
regenbogens

ich lache nur noch
wenn die anderen
weinen

-

Zweige wehen schweigend im Wind,
sprachlos steht greifend ein Kind
unter Kronen neigend den Kopf.

Mutig blicken bewundernd die Augen
auf Eigenschaften, die sich erlauben,
andauernd zu sein.

Auf Waldboden verweilend, wünscht es sich
das Seil für die Flucht vor dem
Erwachsenwerden.

-

Jemand befestigt auf allen Dächern Fäden,
wie Marionetten zieht er alle Dächer hoch,
ein Bild, als ob keine Wand ein Dach trüge,
vergleichbar mit einem schottischen Broch.

Das Selbstverständnis gerät aus den Fugen,
die Bürger eilen aus den Häusern, sie rufen
zu Gott, richtend und mit wütenden Mägen.

-

In regellosen, ordentlichen Zuständen treiben,
verharren, dann weiter, starren, Starre, weiter,
an tiefen Wurzeln hinabklettern
zu schwarzer Grundentscheidung
und dann springen,
so kräftig es in diesem Moment funktioniert,
im Aufwärtsflug erfüllt unbekanntes Glück jede Faser,
hörst du auch die Vögel singen?

Von allen Kräften inspiriert,
hierhin geführt,
jedes Merkmal, jedes Atom
für diesen Moment konfisziert.

-

## Menschen (I)

wir sind nur menschen
wir sind nicht mehr
um uns kreist nichts
wir kreisen um es

wir nehmen uns wichtig
im Universum nichtig
nur zwei augen
die die Wahrheit rauben

wir denken dauerhaft
das ego dauernd schafft
sich vorzuziehen
richtig oder falsch
das Gemeinwohl muss verlieren

wir haben viel erreicht
wir setzen viel aufs spiel
wir gingen auf und ab
wir kennen nicht das ziel

-

Vom Wandern durch die ziellosen Straßen werde ich nicht
endgültig reich an Freude und Fülle; was Leben füllt,
ohne voll zu machen, weiß nur der aus allen Perspektiven
Schauende oder der ewig sämtliche Ideen Träumende.
Die Frage, was die Zutaten des Lebens sind,
ist nun zur Unbeantwortbarkeit verdammt.
So bleibt nur die Suche, die Hoffnung.

Die Gänge durch die Straßen,
ich habe sie vor Augen,
verändern dich, doch Straßen
bleiben das, wozu sie taugen.

Jeder Gang ein Charakterangriff,
die Welt erschafft deine Welt neu,
und jeden Schritt
laufen Zellensterben und Leben mit.

-

## Wie Hieroglyphen

*- inspiriert durch H.H. -*

Aneinander reihen sich Zeichen um Zeichen,
wir kennen dieses Spiel der Leidenschaft,
füreinander stellen sie wohlgemeinte Weichen,
sie halten zueinander mit wachsender Kraft.

Der Urheber eine Hieroglyphe erschafft,
bewusst doch schöpferlos ins Leben rafft,
bedankend, befriedigt, bewundernd, baff.

A sucht und findet B,
B macht´s simultan bei C,
alles, worum es geht,
ist das Alphabet.

-

Am Ende erkennen wir,
dass es einen Anfang gab,
der noch immer ausstrahlt.

Und zwischen diesen ein- und ausleitenden Supernovae?

Die Mehrheit der Sekundenstehen die Augenlider offen,
die Mehrheit von Alltagsgähnen betroffen,
immer produziert ein Hypersystem von Verknüpfungen
ein Ultrasystem von Gedanken,
manchmal trauern wir,
nicht nur um Tote.

Schließen wir an der Front nach einer langen Zeigerwanderung die
Beweisführung ab, und formulieren eine Quintessenz des
Tatsächlichen, des Möglichen und des
Unmöglichen ...

-

## 2012

Nichts erregt mich mehr,
Schock ist Fremdwort,
im Gehirn hin und her
immer beschissener.

Kot im Alltag,
Kot im Fernseher,
Kot an jedem Tag,
Kot auch außerhalb der Television.

Zweitausendzwölf,
unbekannter Ort,
zu viel Kot stumpft ab,
die Synapsen vor einem Kollaps.

-

**D**ie liebe lullt
**U**ns gerne ein

menschen werden alt krank und gefährdet
menschen beten für menschen
diese sterbenden menschen
sterben

wir wissen über die liebe nicht mehr als über den tod
obwohl wir die liebe leben
(können)

dem tod gegenüber begegnen wir
unbefangener phantasievoller einfallsreicher
weil wir weiter weg von ihm leben

weil wir seinen tod
(also den tod vom tod)
an den grenzen unserer vorstellungskraft bekämpfen

der tod tötet
uns, uns
allein

die liebe lullt
uns gerne ein

-

## Sorgen

Die Sorgen ziehen durch noch unbekanntes Land,
wie das Wasser in der irren und unartigen Brandung,
gelenkt, wie ein Schiff von unsichtbarer Hand,
unerschöpflich ist ihr Vermögen der Verwandlung.

Das Schiff eilt unersättlich und unbemannt,
unsicher vor seiner gnadenlosen Fahndung
hat der Mensch stets irgendwann erkannt:
Es ist mitkausal für die Menschenhandlung.

Schwarz auf weiß ist der Schutz genannt,
der Würde des Menschen und seiner Achtung,
abstrakt und wie der Mensch sich selbst, unbekannt,
das Suchen lassen schreit nach Schicksalsverachtung!

Verzehrter Mensch, steht mit dem Rücken zur Wand,
selbst der größten Sehnsucht begegnet Verleumdung:
Der Mensch sei schmutziger Sand.
Der Mensch brüllt vergeblich: Vergeltung!

Sorgen sind facettenreichst,
niemand kann sie kontrollieren,

bis du Unabhängigkeit erreichst,
hast du Tode zu parieren.

-

*zwischen den einzigen beiden*
Wänden
Schwarz *und* Weiß
*liegen die bunten Farben brach,*
*überall ist Mitte, doch die Leiden*
*gehen mit vollen Händen*
*ihren Pflichten nach*

-

in der Vorwelt des ge-
schlossenen Augenlids /
halten sich Tag und Nacht-
geschoss / die Waage noch

-

Die Nacht brach an
Ein Halm wehte
wie sein Nachbar
In einem anderen Licht
als Stunden zuvor

Sand versteckt sich unter Sand
Den einen siehst du nicht
doch beide nennt man
Sand

-

## Und

Und im Hinblick auf das Kopfgeschehen
- die Vollendung der Geburt bis zum Ende der Gehirntätigkeit -
gibt es keinen fassbaren, bewussten oder reflektierenden
Anfangsgedanken und insofern keinen schlichten Satzanfang,
sondern nur die Konjunktion, die dauerhafte Verbindung „und“.

-

## Gestundete Gewissheit

Die Flasche Wasser auf dem Tisch ist zu Dreiviertel voll
Bedeutungslose Bewegungen bestimmen die Unruhe der
Oberflächenspannung obwohl ich dem Wasser nichts tat
Irgendwann kommen die Wasser sicher auf mich zurück
Die Wahrscheinlichkeit dieses Wassertrinkens ist enorm
Münder gewähren Einlässe in die Höhlen der Menschen
Der Weg von dort wird beschrieben und ist determiniert
Neuerdings leiden die Pflanzen in unseren Zimmern mit
Der Wandel in der Kunst scheint schneller als das Sein
Worte werden unnatürlich ihren Schicksalen überlassen
Die Fristen verstreichen und Teile behalten wir uns ein
Die Gedanken vergessen Gedanken vergessen Gedanken
Der um den es geht packt rasch die Sachen und zieht aus
Der um den es geht leidet an Gemütlichkeit und Stürmen
Der um den es geht zieht in ein abgeschlossenes Zuhause
Sie spielen und Tage feiern als seien sie anders als andere

Mit den Widersprüchen aufschiebende Wirkung erzeugen
wer oder was ist gewiss wenn wir doch nur paradox können
oder sollen oder müssen
*s u s p e n s i v e f f e k t*

-

Atemzug ...

Überdimensionale 3-D Zacken umwoben von kunterbuntem,
lockendem Grinsen, das die Netzhaut zwar absorbiert,
doch als Pechschwärze ins Gehirn transferiert,
perverses Merchandising gestattet zu hecheln,
Schuld ist auch tierische Geilheit,
Wohlfühlstillstand in diesem Humbug,
beängstigend wie ein Spuk,
Lug und Trug

... Atemzug

Das Koma der Gegenwart
verursachte ein Anästhesist
erbarmungsloser als bisher.

Ohne ausreichende Vorwarnungen,
mangels notwendiger Vorkehrungen,
(die hätten getroffen werden müssen)
schwebt das Damoklesschwert.

-

Vom Hügelzittern erschrocken über den
Bedarf an Wärme und Angstlosigkeit.
Gefühlserosionen feuern geistige
Umnachtungskerben und Belanglosigkeit.
Utopia Suchende heuern auf endlosen
Schiffen an zur Entdeckung der Heiterkeit.
Kranke Adler fliegen weiter als ihre Gegner
aufgrund unheimlicher Entschiedenheit.
Eine Endlosschleife mit mangelnder Verhältnismäßigkeit.

Gefangen in irreversibler Reife,
unzureichender Ausgeglichenheit,
dauernder Gleichmäßigkeit,
zerstörender Gleichgültigkeit.

-

# Unlust auf Schublade

Ich verabscheue gekünstelte Vereinfachung von komplexen Sachverhalten und Problemen in Verbindung mit widerlicher Ungeduld, Intoleranz, Unverständnis gegenüber der verzögerten Erschließung der Sachverhalte und Probleme. Außerdem widert mich die ekelhafte vermeintliche Erkenntnis an, die Personen über andere zu besitzen meinen.

Nicht einmal der Versuch,
zu verstehen und nachzuvollziehen,
sie bleiben bei ihrer einen Perspektive,
ihrem einem Bewusstsein,
in ihrer eingeschränkten Wahrnehmung,
beschränkte Urteile abzugeben.
Diesen Schrott.

-

Das Puzzle besteht immer nur einstweilen,
genauso, wie in dem Moment der Betrachtung,
in dem es stets und ein letztes Mal aktuell erscheint.

Beim folgenden Blick haben sich Teile dazu geschlichen
und so existiert dauerhaft eine magische Verbindung zwischen
Neu und Alt.

-

## Schlafenkuss

Aus dem Tag
in die Nacht,
der Tag zerplatzt
wie Seifenblasen,
die Nacht erwacht
wie ein Dornröschen.

-

In unruhiger Suche in der suchenden Unruhe
Unbefriedigung am Tatsächlichen
Überwältigende Ungewissheit ungeahnt und ursächlich
für dauerhaftes Unglücklichsein

Immer ein Wandel
innen und außen
Immer ein Handel
drinnen und draußen

Immer eine das Wohlbefinden hemmende Angst vor der Zukunft
Im immer Remmidemmi Konfliktzustand
mit der Welt in sich selbst

Schon immer Tod

Kein Leben ohne die Not
vor dem Verschwinden
Überall unvollständig
trotz klarem doch
rarem Empfinden

-

## Frisur im Glück

Wirrwarr, wirres Haar,
das Äußere spiegelt das Innere wider,
das Innere macht sich außen bemerkbar,
Aussehen und Denken im Wechselbad.

Ich stehe im Badezimmer
in Osnabrück,
die Schere in der Hand,
davon keinen blassen Schimmer,
Stück für Stück
Haare rieseln nieder.

Leicht blasser Teint,
aufgeregtes Schmunzeln,
meine Frisur im Glück.

-

## Ermessensreduzierung auf beinahe Null

Manchmal
drückt eine Last auf mein Gemüt,
dann verharre ich still, ohne Wahl,
nachdenklich und aufgewühlt.

-

## Für immer jung

keine falten über mich gießen
die kindheit beim alten lassen
morgen denken der vorfreude
kein traum zerplatzter träume

-

Was war es gleich noch,
was wir zu tun haben,
ach ja, atmen muss ich doch,
müssen,
aber auch wagen.

Ach ja, Konversation
ohne aufzufallen,
entsprechend der Konvention,
am besten mit Gefallen,
schwierig,
so viele Gedanken spuken
und spoilern und eine Balance
des Lebens bewusst unmöglich.

-

Die Menschen leben gerne an der Oberfläche, denn dort lebt es sich einfacher, anfänglich ist alles simpler, vermutlich; nun wurde so Einiges komplexer, doch Einfachheit lässt sich nicht völlig ausräumen, verbiegen; nein, im Gegenteil, provoziert kann sie enorm widerspenstig, widerwillig, widerwärtig sein, actio et reactio, und so durchzieht sie des Menschen Struktur und bleibt.

der Mensch wird niemals
den Menschen verstehen

-

# Versuch eines Madrigals I.

Zum Glück ist ein Mensch lediglich sehr begrenzt interessiert. Die Einsicht über meine Unwissenheit in Dingen, die mich interessieren, versetzt mich schon in Unruhe, gewissermaßen in eine kleine Ohnmacht.

Ich lese [...]

-

Den Rücken an das Standardkissen,
die Beine auf das Sofa,
der Lieblingsplatz mit gewohnten Umrissen,
Basmatireis auf dem Teller.

Geknipste und geknibbelte Zehennägel auf dem Tisch,
lecker, lecker Essen.

-

## Ende März 2012 – Gedanke 1

Ich gab einst das Leben auf,
ich verstand nie den Menschen,
oft im Kreis und selten bergauf,
ein Anfang, doch unbekannte Enden.

Ich wollte Musik,
wollte Mozart,
ich war und bin süchtig nach menschlicher Harmonie,
ich fand bislang keine unbedingte, endgültige Melodie.

-

Ich kann und darf mir kein Urteil erlauben,
ich war nur irgendwie traurig, als ich es las.

Freitod.

David Foster Wallace, Stefan Zweig, Ernest Hemingway,
ich suche die Verse, die ihr nie geschrieben habt, doch die
in einer anderen Welt ihr Dasein feiern wie zuvor noch nie.

-

## Ende März 2012 – Gedanke 3

Todesnähere Menschen säumen an vielen Ecken den Asphalt,
sie treiben dahin beim Einkaufen, Spazierengehen et cetera,
ihr noch sehnsüchtiger, wehmütiger Blick lässt mich nicht kalt,
wie die hübschen alten Falten, das bröselnde, welkende Haar.

-

## Supermarkt

Mein Körper durchschreitet einen Eingang,
eine Öffnung in einem großen Gebäude,
entgegen quillt mir der lüsterne Verkaufsgesang,
mir unbekannter Leute.

Ich sehe Jugendliche, junge Männer,
mit langem, unkontrolliertem Haar,
eingesperrt in ungeformte Körper,
manchmal mit fiesen Pickel so klar.

Die Körperhülle scheint fehlkonstruiert,
zu große Gliedmaßen, unsicherer Gang,
die Pubertät hat sich nicht geniert,
sie arbeitet und demütigt, Gott sei Dank.

Sie provoziert, indem Sie produziert,
souverän wird am Abgrund tariert,
mit ihren wulstigen Erzeugnissen
will sie uns wohl zum Göbeln nötigen.

Später,
zuhause,

erbrechen wir endlich
auf den Küchentisch.

-

## Zivilgerichtsverhandlung bei Richterin G. aus O.

- Januar 2012 -

sämtliche Gedanken sämtlicher Menschen
schlagen Flanken lösen Grenzen
zwischen Sphären entstehen Welten
gestern Nichts heute Helden
verschwinden rasch morgen Nichts
doch gelten noch denn wirken nach
formen Sequenzen erschaffen Tendenzen
scheinbar zustandslos doch ohnmächtig groß
gestalten grundentschieden stellen bloß

entstehendes Vergehen
vergehendes Entstehen
zukunftsträchtig unfassbar
unstet unbändig lästig vielfältig
eigenartig unscheinbar richtungslos
produzieren mal Kleines mal Großes
Resultate schonungslos
farblos stillstandlos kontrolllos
Bewusstseinsstrom emanzipationslos
bestimmt persönliches Land
hinterlassen Spuren bedingen Wege
separate gemeinsame einsame

bilden großes Ganzes
bilden Freiheit ein

brüllen schweigend
schweigen brüllend
gestalten Freuden
sowie die Leiden
fallen steigend
vor dem Tod verneigend
an das Leben krallend
unmündig nicht fündig

niemandem Rechenschaft schuldig
unschuldig unzählig unsäglich heimatlos
vollkommen verschieden unvollkommen
Vagabunden beinah grenzenlos

der Erfahrungen der Erziehung der Umwelt der Gene
unterworfen

dazwischen mit nichts
arrangiert

-

## Kindheit Jugend Erwachsenendasein

Erfüllte, des Glücks aufgefüllte,
Kindheitstage,
gedanklich kurze Nächte, nicht geahnte,
Bedeutung.

Ausgefüllte, der Wirrnis aufgefüllte,
Jugendtage,
körperlich kurze Nächte, nicht geahnte,
Zukunft.

Vollgefüllte, der vermeintlichen Erkenntnis aufgefüllte,
Erwachsenentage,
routinierte Nächte, nicht geahnter
Sinn.

Lebensplagen,
Kindheitsglück, Überschwang im Jugendsturm plus Drang,
Erwachsenendasein, ja, sie waren,
sie sind, so soll´s sein,
der Lebensgang.

-

## I.

Mir ist manchmal kalt.

Zum Beispiel,
wenn ich in Ungeduld aus dem Fenster sehe
und viel denke und wenig verstehe.

Unkontrolliert treibt mein Körper in Momenten dahin
und Gedanken fragen sich,
wer ich bin.

## II.

Hass gegenüber den Antagonisten,
auf Gleichgültigkeit reagiert Sehnsucht mit Hass.

Vergeltung des Schicksals ist die Existenz.

## III.

Die Sturheit - die Ungerechtigkeit - die Konsequenz
des täglichen Blasendrucks,
des abnehmenden Augenlichts,
sterbender Zellen,
von Krankheiten im Allgemeinen
und der Auseinandersetzung mit seinen Persönlichkeiten
im Besonderen.

Der Dialog mit den farblosen Landschaften der Seele
führt in einen ungerecht langen Tunnel,
weil diese Landschaften das Glück gepfändet haben.

-

Gestern lache und weine ich im Wechsel
Heute lache ich und weine im Wechsel
Morgen lache ich und weine ich im Wechsel
Und einmal bin ich tot, tot nur für mich

Aber hier und jetzt füllt die Natur den Korb
Mit allen nützlichen und unnützen Früchten

-

Wenn mich mal wieder der Hochmut einfängt,
beflügelt und meine Bahnen lenkt,
dann denke ich an meinen körperlichen Zustand
in 100 Jahren in kaltem Sand.

Wenn mich mal wieder die Melancholie streift,
deprimiert zurücklässt und die Freude weicht,
dann denke ich an die Unwahrscheinlichkeit,
in diesem Moment hier Johannes zu sein.

-

In grauen Strichen wohnen lachende Schönheiten
Vertraute Momente erfüllen Räume und Zeiten
Kabel verbinden Atome durch Zauberhände
Strommusik durchschreitet alle Kapillaren
überall Sehnsucht nach Unbekanntem
überwinden widerstandsloser Wände

-

Ich nehme ein weißes Blatt Papier
und lege es quer vor mich hin,
ich betrachte das Weiße als Gewinn,
meine Gedanken verharren nun hier.

Ich male bunte Kreise
und erforsche wahrhaftig und leise,
wer oder was ich bin.

-

## I.

Auf stillster Toilette
Zahnpasta im Mund

während unberechenbare Gedanken
Erinnerungen zum Wachsein nötigen
in einer Nacht namens Heiligabend
und
im Chaos weitsichtiger Blindheit
mache ich die Erfahrung künftiger
Erinnerungen

## II.

Ich zog aus und dann Revue
an deren Ende bisher stets die Sehnsucht
nach einer ehrlichen Analyse meines Protokolls,
Bewusstwerden der Gegenwart und Läuterung standen.

-

## I.

Hin und wieder
werde ich zum Ausgeschiedenen,
ich scheide aus,
richtiger gesagt,
ich werde zum Austreter, jemand,
der austritt; austritt aus den aktuellen Belangen,
um sie belanglos an einem Rand vergehen zu lassen.

Meine Schiedsrichter
(und die meiner Eltern und Schwestern)
sind Teil einer Konvention,
sie entscheiden oft offensichtlich hirnrissig,
ich muss hin und wieder austreten.

## II.

Hin und wieder muss ich 400 Meter laufen,
auf Zeit, nur um zu spüren,
dass ich noch existiere.

## III.

Hin und wieder ziehe ich
enge Schlüpfer an,
reiße sie so hoch ich kann,
also in die Kimme,
nur um zu sehen,
dass ich Kunst verstehe.

Mein Spiegelbild zieht mich dann
in einen traumwandlerischen Bann.

-

An einer Baustelle trabend entlang,
keine Maurerkimme zu sehen momentan,
drei Kräne gucken in die gleiche Richtung,
sie trotzen auch still vor Elan,
Krähen fliegen auf unerforschten Wegen,
ein Streich, dieses differenzierte Erleben,
der Himmel hat passende Farben ausgewählt,
als Trauzeuge hat er wirklich und unwirklich vermählt.

-

Eine meiner Augenbraue
liegt trotz diverser Taue
im Meer des Tisches,
obwohl ich
meinen Augen kaum traue
vollzieht es sich.

Zwischen meinem Gesetzestext
und meinem Schreibblock
schwimmt sie,
sie wuchs.

-

Auf einem Balkon
Alle Dinge laufen mit
Nicht alles hält Schritt
Auch das kleinste Staubkorn
in der hintersten Ecke schaut zu
Als Zuschauer und Teilnehmer zugleich
und mit dieser Gegebenheit per du
Es zieht die abwechslungsreichsten Grimassen
in einem ungleichen Schauspiel
Gefallene Ahornblätter in diversen dezenten
Rotlichtpigmenten
Die Blende verschwindet am Horizont in latenten Sequenzen
Vögel verschiedener Art schleudern ihr Gefieder
für das Auge zu bewegungsschwer
auf und nieder

Der Gegenstand
dem wir die geringste Aufmerksamkeit schenken
Dem wir uns mit minimalster Leidenschaft widmen
Der den womöglich bescheidensten Nutzen innehat
erhält den Status Weltkulturerbe
Den Nobelpreis für Existenz
Wir horchen

gehorchen gefangen
in seinem Bann

-

Wo ist der Untergrund in mir, der rebelliert,
die Sprache, die zeichnet, die kommuniziert,
der Gedanke, der im Bewusstseinsstrom[2] nie
resigniert?

-

[2] Dieser Ausdruck beschreibt ein literarisches Verfahren. Ein Text in diesem Sinne versucht, die Wahrnehmungen, Gedanken, Gefühle und Reflexionen einer Erzählfigur subjektiv so wiederzugeben, wie sie ins menschliche Bewusstsein fließen.

über der toilette schwebt mein körper
Arvo Pärt, Philipp Glass und Erik Satie
verzaubern verändern den hintergrund
sie bedauern und erhöhen zugleich das

L e b e n

und
blasen an meinen füßen schmerzen
der duschkopf läuft für mich warm
piepen und rauschen in den ohren
ein paar krähen in der kronenkälte

ich bin nackt

und freue mich auf heißes wasser

-

Die Worte in einem Käfig
wirken kaum gesprächig,
doch regieren sie die
Unfreiheit majestätisch.

Worte sind in der Regel wohlhabend
und lassen sich nicht unterdrücken,
gegenüber Zwang reagieren sie repressiv,
Gitterstäbe ändern ihren Aggregatzustand,
sie werden elastisch und
beugen sich der Phantasie.

-

Viele selbsternannte Hip Hop Künstler tun sich und uns einen Gefallen:
Sie besuchen einen VHS Deutschkurs für Fortgeschrittene.

Sie nehmen an Workshops teil:
„Kreativität“
„Möglichkeiten des Wortes“
„Humor im Rap“
„Ironie ist kein Fremdwort“

Verlust des Machotums,
Schäferhunde und getunte Autos
kommen auf eine Rote Liste.

-

Der Druck steigt und steigt
Rötlicher wird die Umgebung
In hauchdünnen Hautzellen
Behaupten sich die schwächsten Stellen
Eiter tritt hervor
Das seine Heimat verlor
Blut gelangt ans Licht und spricht
Die Endlichkeit hat sich gezeigt

Die Ästhetik schweigt

-

## Schrecken der Fotos

Die Fotos nehmen zu,
an Qualität, Quantität
und Intensität,
doch gleich bleibst du.

Bald sind wir nur noch beschäftigt
mit dem Betrachten von Fotos,
nur noch Zeit für die Notdurft,
selbst der Weg zum Lokus
wird lästig.

-

## Versuch eines Madrigals II.

Ihr habt mir einen Schneemann gebaut
Bautet den weißen Mann in eine Wüste
Auf den Berg Sinai wo das Volk Israels
Zeuge einer Offenbarung Gottes wurde
Moses von Gott insgesamt Zehn Gebote
erhielt
Der Schneemann soll die Zehn Gebote bewachen
Ich bin nicht der Erste den ihr zum Narren haltet
Ihr erkundigt euch nach meinen aktuellen Taten
Mit welchem Recht? Nur so aus Lust an Bosheit
Drang nach Überlegenheit mit Null Komma Null
Empathie
In Erwartung meines moralischen Scheiterns
erkundigt ihr euch nach meinen Gütern und
was dahinter steckt ist offensichtlich und nun
denn; das zehnte Gebot habt ihr nun
gebrochen

-

# Die Zeit des Anderen

die zeit des anderen geht dir nicht zu und
die zeit des anderen vergeht ohne dich und
mit dir im gleichen takt Allerdings mit dir in
andersartiger und entlegener und fälliger güte

wir nehmen sie wahr und denken über sie nach
doch ihre tatsächlichkeit ist nicht deckungsgleich
mit dem produkt der vernunft und ein gutes
vertragen mit der ideenlehre platons ist auch
so gut wie ausgeschlossen; hier und da
hier und da bleibt uns nichts außer spiel

-

Zwischen Himmelsblau und Erde
in der Schwebe,
fällt, fällt, fällt
und so ahne ich,
dass ich noch lebe,
dass mich die Welt erhält.

-

Und wenn der Tag einmal
sein Ende passiert,
die Dunkelheit ihre Gegenwart uns zeigt
und die Sonne am Horizont ungeniert
schweigt.

-

Die Wahrheit fand ich in einem Moment zufälliger Konzentration ...
Der Mensch findet sie nicht.
Und deshalb sollte er stets Abstand von Endgültigkeiten in Bezug auf Meinungen und Urteile und Absolutheit im Allgemeinen nehmen.
Er darf sich dem Versuch hingeben, Absolutheit zu denken,
an eine oder mehrere Absolutheiten zu glauben,
er darf dadurch nicht den anderen auf den Sack gehen.

-

Von verschiedensten Ahnungen eingehüllt,
umgeben,
wie eine Hülle über das Leben gestülpt,
gefangen.

Von verschiedensten Belangen sangen
die vielen Individuen,
nur einer kann ans Ziel gelangen,
die anderen haben zuzuschauen.

-

## Inspiriert durch M. Heidegger

Erhebung deiner Stimme
im Angesicht des Nichts,
dort begegnet es der Angst,
hier kommt das Gedicht.

Von nichts kommt nichts,
so der Volksmund,
von nichts kommt etwas,
so manchmal der Philosoph.

Die Logik untauglich
das Nichts zu beschreiben,
unbrauchbar für die Metaphysik,
die Logik blieb
und hat zu bleiben,
für das Tatsächliche,
nur Erklärung für das Leiden.

Als
Prävention
vor dieser Stimmung,
tief in uns verborgen,
in Worten unfassbar,

mehr als nur Alltagssorgen,
gleichmäßige Gleichgültigkeit
weit und breit
macht sich der Dinge Bedeutungslosigkeit,
eine merkwürdige Ruhe durchzieht dich,
der Langeweile Ähnlichkeit,
ich brauche mein Gedicht.

-

Antlitz ...
Erhabenheit eines Vogelschwarms

Trotz der Vergänglichkeit.
Genügsam
trotz Vergänglichkeit.

Des Körpers,
der Gedanken,
der Erinnerungen.

Der Tinte,
verkörperte Gedanken,
selbst die nehmen sie dir,
doch sie war da,
hier und jetzt
und wird so
irgendwie im Immer
sein.

-

Deine persönliche Geschichte,
deine derzeitige Unfreiheit,
dein Bewusstsein und
Unterbewusstsein
und was auch immer noch,
Gedachtes
und dein momentaner Blick,
der lebt und existiert
aufgrund deiner Erfahrungen
und aller Erfahrungen vielleicht,
die mitgewirkt und
auf sich wirken lassen,
verstanden und unverstanden
zueinanderfanden;
all das umgibt dich
und macht dich aus.

-

Völlig von Sinnen
Zu großen Fragen

jemand sagt
du sollst
in einem
tunnel leben
und du
sollst sterben
..... .....

ICH SAGE
ich will
die mauern
sprengen und
KUNST ist
meine
waffe

-

# Vielleicht Liebesgedichte

irgendwann und wo gefunden
in diesen abermillionen stunden
an einem dieser zu vielen orte
drehten wir gleichzeitig runden
teilten dort die ersten worte
träumten zäh noch ungebunden
mit den gleichen absurden wunden
bis das neue jahr ganz leise
zu uns kam in zauberweise
uns dann weckte für die reise
in neue träume bunt und schön

\-

Bin nur
was Du gabst

du schliefst neben mir ein
du wachtest neben mir auf
ich war sieben stunden älter
doch sieben stunden mehr

gedanken die lähmten
wurden zu gedanken
eher schlicht. mehr nicht

-

Bist du krank, so werde ich krank,
fühle ein werdendes und bewussteres Dasein,
liest du einen Roman, so denke ich an eine Geschichte,
in der du der Protagonist bist.

Sehe ich dich mit einem kalten Getränk, so ist mein Durst
Vergangenheit und ich vergesse für einen Moment, dass Menschen
verdursten, setzt du dich auf einen Stuhl, so raste auch ich, öffnest
du eine Tür, so eröffnen sich mir neue Welten, entzündest du eine
Kerze, so denke ich an mehr als an Wärme, stirbst du,
so fehlen mir die richtigen Worte,
für immer.

-

## Einstein on my beach

Zwei Wesen sitzen in der Luft
ohne Ruhe doch in Zuversicht

in einem spontanen Gesicht
sieht er Neuanfang und ein
Mindestens und unverlangt
geraten Federn und Flocken
aus Frau Holles‘ Welt
in Wallung

wie in eine bunte Gruft nichts als systematische Blicke mit Fragen
die niemand begreift denn bunt ist bunt und Gruft Gruft

er sieht ein Gesicht und applaudiert
denn Applaus hat noch niemandem
geschadet

bei der Zeit geht es weiter wie zuvor
in Gefechten geht es weiter wie zuvor
der Alltag regelt seine Angelegenheiten
weiterhin wie einen Alltag
seriös und konservativ

du
ein Ein und Alles
du Jederzeit
du Allerorts

wie viel ich dich
wie viel ich dich dich
wie ich dich dich dich
dich dich dich dich dich

unmöglich sagst du?

wir halten Hände im Mondschein
schön

habe ich Gründe aufzuhören
an dein Räuspern zu denken
ist unser Lachen ausgezählt
?

-

Viel zu lang auf dich verzichtet
Dich gebraucht
Doch selten mir von dir berichtet
Die Seele nun verstaucht

auf den verfügbaren Etagen eingerichtet,
Kraft gelassen in Schritten auf dem Pfad,
dich doch ums Unbewusste leben lassen,
zerrissen umnachtet gelitten betrachtet,
und immer, ich brauche dich doch auch.

-

Immer,
Wenn dein dir innewohnendes
schwarz weißes Anwesen sich
mir umstandslos unabwehrbar
nähert und sämtliche Teile des
Sinns für das Selbst in einem
ungeheuren Jubel anlässlich
baldiger körperlicher Berüh-
rung ausbrechen, zehre ich le-
benslänglich als Zeuge min-
destens von einer kleinen Zau-
berei; auch wenn hin und wie-
der Trennstriche zwischen uns
stehen, gehören wir doch zu-
sammen als seien wir Ein
Wort.

-

Unwahrscheinlich zart
umkreist unnatürlich nah
das Ich als Wir das Dich.

In Zeitlupe schwebend
über jeden Millimeter
deiner Haut.

Nichts berührt sich.
Nichts.

-

die Dateien tragen deinen Namen
ich öffne sie in klaren Fragen
auf dem digitalen Blatt Papier
wird nur leeres Weiß getragen

die Dateien tragen einen Namen
ich öffne sie in Fragen, Fragen
nur Fragen

-

Du da, nur du,
Für immer ein
Rendevouz, und
Nie mehr allein.

Nur du,
Wenn ich in den
Spiegel schaue,
esse, atme, liebe
oder trauere.

Denn Du da,
Nur du.

-

Bin schon du und
Du bist schon Ich
Erblicke deine Augen und
Nasenlöcher Mundkonturen Lippen
Jeden Moment mit dir erstritten

um uns war es stumm
Es ist nun bunt
Etwas Neues, noch
vermummt

-

Bald. Bald
ist nicht fern,
bald ist demnächst,
du bist ganz bei mir,
spielst die Hauptrolle,
egal, ob jetzt oder bald
oder in der Ferne,
ich bin bei dir.

-

Einzig mit Dir
der Gang,
alleine wir,
hier.

Dort ist weit weg
von hier, nicht
hier, doch Orte,
wo du warst, sind
dortige Orte,
und so spricht jeder Ort,
du warst hier.

Einzig mit Dir
das Liegen im Bett,
um zu sagen:
Gute Nacht mein Schatz,
träume von mir,
von Phantasie-Orten,
von Dortigem,
von hier.

-

zwischen Himmel und Erde
zwischen Körper und Geist
zwischen unseren Blicken
existieren andere Wellen

zwischen dem
was ich war
und werde
bin ich

doch nie
ohne dich

hinter dem Werden
werde ich noch sein
nur mit dir

selbst nach der Niederschlagung sämtlicher Erinnerungen
bleibt ein Zauber zurück aus dem zurückblickt
was von mir noch übrig ist; eins
mit Stille und Glück

(nicht allein)

-

**1.**

was wär ich ohne dich
wär ich ohne dich ich
bin ich mit dir wir
sind doch mehr als zwei
mehr als drei und vier

**2.**

ich nur
ding und gegenstand ... ding und nicht
und ich bin hier
bin ich hier?
hier bin ich
mit einer hand

**3.**

gib mir deine!
Hier bin ich
und du bist Da
komm
gelang in mein land!

**4.**

bis zu den tagen
die unsere letzten sind
klagen und vertragen wir uns in farben

mit rücken und gegenwind
in mehr als nur erträglichen
stunden

**5.**
um uns die zirkel
und die risse, hey

-

## ungewöhnlich geil

Wenn ich in deine Augen blicke,
die Züge deines Gesichts studiere,
in dessen Formen mich verliere,
verloren verweile bei deiner Lippe,
verloren verweile vor vollen fertigen Lippen.

Alles Schwere stellt sich ein,
Unrast, Unruhe, Unmut und
Todesangst sind nur noch Schein,
dein (ungewöhnlich geiler) Mund
ist mein.

Verrückter, mich beruhigender Mund,
Ruhe bei deinem Anblick,
Ruhe stellt sich ein und...

mehr muss eigentlich nicht gesagt werden.

Gleichgültigkeit um mich herum,
gegenüber der Welt,
gefangen von deinem Anblick und stumm,
in mir alles, in mir, was zählt,
jetzt Abschied nehmen fiele mir leicht;
Im Geiste ist der Körper
uninteressant und seicht.

In deine blauen Augen fährt der bohrende Blick,
die Züge deines weißlichen Gesichts studierend,
in dessen gültigen Formen mich verlierend,
verweile verloren vor deiner bunten Lippe.

Du hast unnormales Haar,
Normalität ist Langeweile,
es ist auf dieser Welt so rar,
Vielzahl bedeutet Eile.

-

# Vergänglichkeit und Co. Oder: Schall und rau

## I.

Der letzte Akt des Charons [3]
In der gebrochenen Seele
spricht der Kummer mit
dem Tod

Und der Wind zerrinnt wie blaues Blut
durch die offenen Tore des Tempels
im Nebel

## II.

Der weiße Marmor
der nächsten Nacht
zieht weiter in seinen Bann,
los!

## III.

Auf!
Blind in den Spiegel
Müde in den Morgen
Ziellos durch die Tunnel
des Tages.

[3] Charon ist in der griechischen Mythologie der düstere greise Fährmann, der die Toten für einen Obolus in einem Binsenboot über den Totenfluss Acheron setzte, damit sie ins Reich des Herrschers der Unterwelt Hades gelangen konnten.

## IV.

Einsam mit einem einzigen Atem
Morgen hat das Gestern ein Ende

Gefallener Würfel, geläutert
und bald nur noch Fußnote

-

obwohl jeder weiß, dass er stirbt,
liebt er sie, sie ihn, sie sie, er ihn
oder wen oder was auch immer.

obwohl jeder weiß, was ihn erwartet,
Glück wird nie erreicht,
leben wir weiter, verzichten auf den Strick,
als wären die zerstörten Scheuklappen kein entscheidendes Ereignis.

-

Wie langweilig wäre das Leben
ohne Krankheit, Schmerz oder Tod,
das Maximum der Emotionen
wäre kein Nennenswertes.

Es verliefe auf einem engstirnigen Bergpfad.

-

## Im Nachhinein für Elias Canetti

in der vorstunde des vergangenen sommers
brachen wir die lanze für das ewige
doch vermählten sie - wer ist sie? -
sich nicht

-

## tu, was du willst, es nützt nichts

Ich sehe lauter K-zellen
ich denke laut und
schreibe es hin

Der sinn des lebens ist
die tatsache da zu sein

Deine engsten vorfahren sterben
es kommt zur universalsukzession

-

# Persönlicher Widerstand I

Das Leben ist bitter,
weil du aufstehst
und dich wieder hinlegst,
weil du des Öfteren kämpfst,
doch den großen Kampf verlierst,
weil du Hoffnung hast,
doch stirbst,
weil du mehr liebst,
als du bekommst
oder nicht einmal lieben kannst,
dann war selbst dein Leben umsonst,
weil so viel schon geschrieben steht,
weil dein Wille unfrei ist,
weil du vergehst,
weil der Mensch alleine steht,
weil jeder Tag zu Ende geht.

Das Leben ist schön,
weil ich nicht weiß,
was Bitterkeit meint,
wenn sie von Verlust spricht
oder Hoffnungslosigkeit,
weil jeder Tag einen neuen Stern entdeckt,
weil die Größe des Kosmos uns in Demut vereint,

weil die Suppe der Erkenntnis endlos schmeckt,
weil wir uns größer machen als wir sind,
weil wir uns kleiner machen als wir sind,
und nicht wissen,
ob größer oder kleiner stimmt.

-

## Ansichten über den Tod / Über den Tod

Im Augenblick des Augenschlags,
unentrinnbar der Tod dem Auge naht,
berühren sich Leben und Tod so zart,
die Kraft des Lebens wird offenbart,
die Macht des Todes zeigt offenbar,
dass die Kraft vergänglich ist, versagt,
alles Körperliche zeitig klagt,
obwohl in das Leben so klar vernarrt.

So schließt das Leben,
wie ein Buch mit seinem letzten Blatt.

-

Als wenn der Käfer beliebig wäre
in dem Land, in dem Griesel sich
zu Graupel und mehr verwandelt
und nicht mehr rieseln will,
sondern nur noch fällt.

-

was wenn
sämtliche seelische
und physische Schmerzen und
die Ängste und der Kummer der Menschen
die sie allein in den nächsten 60 Sekunden ertragen
dem Bewusstsein eines einzigen Menschen veranschaulicht
werden
könnten

-

wenn ich sterbe
werde ich Werden
werde Staub

Wenn ich sterbe
werden Fragen antworten
und Zweifel aufhören zu existieren
dann Bin ich
und das Werden endet

Wenn ich sterbe
wird ein Kind geboren
wird ein anderes krank
und jemand gesundet

Wenn ich sterbe
wird es regnen schneien
und die Sonne wird scheinen

Wenn ich sterbe
lieben sich Leute
Wenn ich sterbe
dann ist es so

-

Träume traurig in den törichten Tag
am Ufer eines dämmernden Kanals,
genau jetzt spielt sich ab und ragt
das Zuletzt, begleitet vom Größten,
in den Himmel, den Raum, die Zeit.

Ersticke den Kummer und das Leid
mit der Technik von Colt und bald
bleibt nur Erinnerung an diese
vielschichtige Einzigartigkeit.

-

## Geburt

Geburt ist initialisierender Tod
Vieles ist verloren in der Geburt
Ab einem deiner Alter sowieso

Einzelne Einzelheiten Einzelner
drehen Runden im Kopf; aus sich
heraus wie ein Perpetuum Mobile
reisen sie dann durch viele andere
hindurch, kein Anfang, kein Ende

Ich bin im Äähh und Vielleicht
und Keine Zeit verschmolzen
Im Ungefähren drei Zuhause

Geburt / Dazwischen / Tod
Mit der Geburt kommt der

-

## wer

wer hält meine hände
wenn ich im holz liege
oder als staubkornheere
über sieben meere fliege

wer trocknet meine tränen
wenn meine eltern sterben
wer stillt bloß diese dauer
trauer

wer legt dann den arm um mich
wenn ich morgens aufwache
und ein einzelner Gedanke
meinen Körper durchsiebt
als schwüre er auf Rache
und
der verlust in mich dringt
als sei ich schon immer
allein und ungeliebt

-

tauchen in ...
ein anderes Erinnern
möglich

Abgleich des ersten mit
dem letzten Gedanken

mit Materie und Gefühlen
wähnen wir uns erschaffen
und so wähnen wir uns frei
weil wir wählen eins
zwei oder drei

doch sind wir nur
Kohlenstoff auf
Kohlenstoff

wir begreifen nicht dass in den Belangen
nur ein Sachverhalt zuständig ist dass wir
nur ein Zustand sind dass nur wir es sind

dass wir
schlicht
da sind

wir glauben an wie und darum ohne ein
echtes Begreifen; trotzdem unsere
vielen Ahnungen darüber verbreitend

-

wenn wir so weitermachen
vergessen wir zu sterben
wir werden keine Zeit
haben zu sterben

und selbst in Museen wird es heißen:
der Tod wurde begraben und
irgendwann vielleicht sogar:
es hat ihn nie gegeben

-

**1.**

eine Mücke im Netz /
die scheinbar ungewillt sich wehrt /
ungefähr dem Tode als dem Leben näher /
ohne ein besonderes Muss /
welches über die Schwelle begehrt /
sich über sie sehnt und danach strebt /
leise und lustlos

**2.**

eine Mücke im Netz

-

**I.**

Trüb wird die Sicht
wer nimmt das Licht

Du lebst und siehst
du stirbst und sahst

Dein Gehör lässt DICH
schließlich im Stich
zum Ziel gelangen die Wellen nicht

Du lebst und hörst
du stirbst und hörtest

Einstweilige Ungültigkeit
abschließende Gültigkeit

**II.**

Du stehst vor ihm und willst ihn wecken
du denkst dir nichts dabei
du willst ihn nur wecken
und denkst dir nichts dabei
denn du willst ihn doch nur wecken

Der Weckruf bleibt unerhört
- unerhörter Tod! Du beschissener Pisser! -

also schläft er
seinen Namen hat er wohl überhört
du nennst seinen Namen bis du merkst dass er
reglos bleibt; sprachlos leblos schweigt

Gültig nur ein Erden-Spuk

-

was bist du so trostlos
und farblos, Mensch?

An was du denkst:
altern und Tod.

Was du kannst:
altern und sterben.

Das einzige Mal,
dass du Farbe spendest,
ist, wenn man dir das
Messer ins Fleisch rammt.

Oder?

Was bist du so heuchlerisch
und gierig, Mensch?

Wenn man dir
einen Taler zuschnippt
siehst du doppelt
und nachdem du ihn fängst,
sagst du danke und
denkst: mehr.

Oder?

# Versuch über die Kausalität und Notwendigkeit

## Unfreies Blatt I

Die Blätter sollen fallen,
sie haben keine Wahl,
obwohl sie uns gefallen,
die Bäume werden kahl.

-

## Unfreies Blatt III

Ein unbewusstes Muss
aus unbedingten Stücken
lässt sich nicht verrücken,
auf des Blattes Rücken steuernd
bestimmt es stets erneuernd
über Glück und Verdruss.

-

## Unfreies Blatt V

Ein großes inneres Konzert
mit unzählbaren Instrumenten,
ein Takt unermesslich an Wert
besteht aus unzähligen Elementen.

So entsteht von fern
aus Teilen des inneren und äußeren Konzerts
ein undenkbares Mosaik.

-

## non liberum

klettere in gedanken jede sekunde hinab
prüfe jede inkongruente strebe der leiter
ertappe die inkontinenten entscheidungen
in ihrer entstehung und ihrer aussaat und
die ernte wird dir läuterung und schock

auf den waagen
gene erziehung umwelt ...
die entscheidung provoziert
ein überwiegen der motive
der ursachen

freiheit wäre jene waagen zu
ignorieren und bzw. oder zu
überwinden

-

## Fiktion freier Wille II

Bruchteile von Bruchteilen von Bruchteilen
Schlucken, Blumen gießen, sehr laut ficken
Einnicken, den Kühlschrank öffnen, ficken
Schwitzen, auf die Straße einen schnoddern
In Abermillionen Gedanken, rote Äpfel essen
Sich erinnern, einkehren und vergessen.

Mehr Mosaik geht kaum.

-

## Fiktion freier Wille IV

In Gedankengängen hängen die
Aufmerksamkeiten meiner Ichs,
in Unmengen zwängen sie sich und sind
doch jede (frei) für sich, doch Enge
will Weite
und so zieht Es dich in die Länge
und das begreifst du nicht.

-

## Schopenhauer vs. Nietzsche

**S**

*d u   k a n n s t   t u n   w a s   d u   w i l l s t*
*d o c h   d u   k a n n s t   n i c h t   w o l l e n*
*w a s   d u   w i l l s t*
weil es notwendig ist
was du willst
du schon bist
was du willst
denn aus dem was du bist
folgt notwendig alles
was du an jedem Male tust

m   e   n   s   c   h
nur ein Gegenstand der Erfahrung
im Käfig der Kausalität eingesperrt

eine anderslautende Handlung
hätte geschehen können
wenn nur Du ein Anderer gewesen wärst

du dir deiner dauernden Schulden bewusst
fähig unter Moral zu subsumieren
e g o i s t i s c h   doch voll   M i t l e i d
daher dazu bestimmt

auf höherer Ebene
frei zu sein
m e t a p h y s i s c h

<u>**N**</u>
Humbug phantastisch mystisch absurd
t r a n s z e n d e n t a l

das Schuldbewusstsein des Menschen
bedeutet weder Verantwortlichkeit
des so Fühlenden
noch Wirklichkeit dieser Schuld
bedeutet nicht Freiheit

es ist sogar umgekehrt:
weil sich der Mensch für frei hält
empfindet er Reue und Gewissensbisse; zudem
ließe sich Gefühl der eigenen Schuld abgewöhnen
und was ist mit den Menschen
die über dieses Gefühl nicht verfügen?

dieses Gefühl nur in einer kurzen Zeit
der Geschichte vorhanden
daher Möglichkeit eines anderen Empfindens
möglich

frei können wir uns nur träumen
nicht machen

-

## I.

kreisen treiben schleifen reisen
hängen weinen lachen kreisen
Gleichlaut, taktlos eingraviert

*s o n o r*

Vom Vordruck gegebenen gefangen
geboren in den Strom des Planktons

wähltest und
wählst und
wirst wählen

ohne Freiheit
die dir weder
eigen ist noch
wäre

## II.

doch mit dem Schneid des Prometheus
nimmst du das Feuer der Götter immer
wieder, warnst Epimetheus,
immer wieder
und nennst es
Alternative und glaubst an

Möglichkeiten und Wahl
aufgrund von Verwandlung
Vergangenheit Gegenwart
und Zukunft und leugnest
Gesetze Einflüsse und
Maßgeblichkeiten

-

## *Ich*

Was bleibt vom Ich
denn übrig
wenn meine Gesamtheit letztlich
ohne Bestimmer spricht
wie eine Vielzahl von Uhren unterschiedlicher Zonen tickt
an Durchblick glaubt, doch die Sicht
so klar ist wie ein Blick in Flutlicht

## *Frei nach David Eagleman* [4]

Das Ich ist ein Märchen, der Mensch
wurde aus dem Mittelpunkt gestoßen

Kopernikus und Galilei
stießen uns vom Thron
die Erde ist nicht
der Mittelpunkt

Darwin reduzierte uns auf einen Ast
im Stammbaum des Tierreichs
Einsteins Relativitätstheorie
und die Quantenmechanik
nehmen unseren bisherigen
Vorstellungen sämtliche Wahrheiten

---

[4] David Eagleman, Interview im SPIEGEL, Nr.7 (13.02.2012)

Freud stellte uns das Unbewusste vor

Das Bewusstsein ist nur oberflächlich
und nicht im Mittelpunkt des Gehirns
Es agiert irgendwo in der Peripherie
im Verborgenen eine gewaltige Fabrik

hinter dem Ich verbirgt sich
ein Wir(r)
irre viele wirre Wir

-

# Tabula Rasa bis Katharsis

Vorrede

Prolog

erster bis dritter Teil

## Vorrede

vielleicht
gibt es einen moment
in dem verfügt wird
dass du mal zur erde
gehst

irgendwann gibt es sicher einen akt
der dich bestimmt und ursache ist

unwesentliche momente nach diesem akt
ist der rahmen der zukünftigen sklaverei
geschaffen und die grundbedingungen
sind festgelegt

(wer will das bestreiten?)

bald
treibe ich unzulänglich und vergänglich
durch Wirrwarr bunt und unzuträglich
Schlechtigkeiten maßlos und unsäglich

Alternativen und Ausschau unerträglich
Anderes in etwas Anderem unerklärlich

als Sklave eigener Grenzen erlange ich Bewusstsein
bin Radierung und Schattierung und in unzähligen
Erinnerungen und Fragen kann ich nicht anders als
Treibsand sein

ich werde antworten
ich werde regelmäßig falsch antworten
ich werde trotzdem geantwortet haben
ich werde weiterhin antworten

## Prolog

Die Möglichkeit einer Seele als Ort der Erkenntnis
in ihren unbefleckten und eingeborenen Zuständen
bevor sie Eindrücke von der Außenwelt empfing
[ ... ]
Spiegel im Spiegel im Spiegel im Spiegel
in der Flamme hinter der Flamme hinter
[ ... ]
Läuterung der Seele von Leidenschaften
Sichbefreien von inneren Konflikten mit

querdenken bewusstseinserweiterung
standortwechsel einkehr muße
kunst ...

## erster Teil

Als antiautoritärer Abschnitt auf Allahs Zeitachse
Vor dem ersten und einzigen autonomen Gedanken
Als du nur als Innuendo und Imagination eingraviert

Bevor die Kollaborationen der Gedankenkonvolute
in die Premiere treten und die ersten Stiche in dein
Vestibül aus Ballon ragen und die Gleichgewichte
deines Fokus´ tangieren, Chronos die Uhr drückt

Kommunale Quellen der Zeiten vor Dir versiegen
Die Zeit mit Rinnen beginnen, du Ekloge, Sein
Radikal einflusslos und dadaistisch determiniert
Als Art Auserwählter und späterer Wählender
Irgendwo zwischen war und es wird gewesen sein

## zweiter Teil

Als Überlebender der althergebrachten Austreibungsphase
Seit einigen Sekunden in ungewöhnlichem Gewand bist du
Ein paar Atemzüge gealtert, schon sagen sie post-partum zu
dir

Mit der Annahme erster bewusster Gedanken
erreichen dich die ersten Niederlagen

Die ersten Klagen werden eingereicht
Die kohärenten Anträge lauten regelmäßig
auf Feststellung, dass das Leben auf Grund
der Befristung nicht zur Beendigung führt

Selbstfindung auf das Leben
nach dem Tod verschoben

## dritter Teil

sinnierend anfragend unruhig /
Phlegma und Mäander und
oder / wie Plankton irrend umher /
eine einzige Richtung / nicht mehr /
Strom / Marionette im Meer /
endlich / ephemer

Flüchtig wie Bleistiftschrift /
divers latent und Fragment

Gemüt manisch-depressiv /
dominant laut und groß /
unerwartet / plötzlich
rezessiv

# Politisches

## (doch) kein kampf der kulturen

es gab eine Zeit da prophezeiten sogenannte Experten
den Kulturkampf und überlieferten eine Hiobsbotschaft
nämlich die Bedrohung der modernen Zivilisation woraus
nichts wurde denn

kein kulturkampf / nur
kultur des kampfes / pur
lobby und interessen / sturr
autokraten und ihre egos / unruhe

-

## Old Big mighty Mac Donald

T. ist Trumpf und
plump und Lump
stupid und Sumpf
wie die Ukip

Aber auch etwas witzig
wie Pippi Langstrumpf

Nein, doch nicht witzig

-

Irgendwann bricht jener Tag an,
an dem du[5] dein allerletztes Opfer
mittels letaler Injektion über die Grabschwelle trägst;
du wirst dir vermutlich eingestehen, dass du so lange brauchtest,
weil ein altertümlicher Geist menschlich modern wurde
und begann zu sprechen.

Und dann werden die Angehörigen dich, sich und das Leben
fragen, warum die Verfassung nicht ein paar Tage früher geändert
werden konnte, ja sie fragen sich vielleicht,
warum gab es die Todesstrafe überhaupt?

(Du könntest Vorbild sein
für rund 60 Länder[6].)

(Von dir erwartet man es am ehesten.)

---

[5] Die USA waren das erste Land, das in den 1980er Jahren die Giftspritze oder auch letale Injektion zur Vollstreckung der Todesstrafe einsetzten. Dabei wird dem Betroffenen ein tödliches Gift oder Medikamente in letaler Dosis injiziert. Sie soll als humane Form der Hinrichtung an die Stelle des elektrischen Stuhls, des Galgens, der Erschießung und der Gaskammer treten. Die Hinrichtung läuft in drei Schritten ab: 1. Der Verurteilte wird betäubt. Die Dosis des Betäubungsmittels ist so hoch angesetzt, dass allein sie bereits tödlich sein könnte. 2. Alle Muskeln mit Ausnahme des Herzens werden gelähmt. Die Erstickung beginnt. 3. Das Herz hört auf zu schlagen. Der Mensch stirbt
(aus Wikipedia, „letale Injektion“, aufgerufen am 30.10.2013).

[6] 57 Staaten haben die Todesstrafe im gewöhnlichen Strafrecht verankert und wenden sie an (aus Wikipedia, „Todesstrafe“, aufgerufen am 30.10.2013).

# Absurdes und Analoges

Mein momentanes Vorhaben:
Ich denke an etwas, an das ich noch nie zuvor dachte ...
Ein Fuchs hockt auf zwei Beinen - wie eine Frau am Waldesrand -
und macht sein Geschäft auf einen hochfrequentierten
Ameisenhaufen.

-

Ich komme von Toilette,
ich hab´ nicht abgespült,
warum, das ist nebensächlich,
einen Tag später auf Toilette
stinkt es beträchtlich.

-

Bitte vom Beckenrand springen,
absolutes Haltegebot,
Hunde erlaubt und
Rauchen gestattet.

-

was ist das
was ist das krass

Die Nässe einer Ananas,
das Eigentum des Apfels,
umfasst von der Blässe
der Welt, mit dem Beat,
im Takt des
**Basses.**

-

Ich hab ne Küche gekauft
und sie gleich kaputt gehaun,
ich brauch ne neue Küche,
ohne Küche keinen Haferbrei.

Ich hab mich in Rauch verwandelt
und aus dem Schornstein geflohen,
hatte mich gefreut auf den Wandel,
ich muss seltener mehr auf Toilette,
häufiger meinen Klon am Telefon.

Leute sagen mir, ich sei verrückt,
ich sage Ihnen, ich bin entzückt.

-

## Impulse durch G. Roths „Orkus“

Ich würde gerne alles ausprobieren...
verstehen, testen, nachvollziehen,
auch wenn ich nicht ans Ich
glaube.

Ich würde gerne das Unbewusste und
das Bewusste zusammenspielen sehen.
Das wäre großartig.

(Ich würde gerne eine Reise machen)

-

hin und wieder ziehe ich
verschiedene Pampers an,
um der Perspektive neues
Material zu geben, um uns
zu kapieren und zu finden,
um nachzuvollziehen, dass
wir einst klein waren, dass es
eine Zeit gab eines holprigen
Gehens, sogar ohne Gehen

hin und wieder ziehe ich enge Schlüpfer an,
reiße sie so hoch ich kann, also in die Kimme,
nur um zu sehen, dass ich Kunst verstehe

Mein Spiegelbild zieht mich dann
in einen traumwandlerischen Bann

-

## I.

Gigantische Bücherwände säumen das Ufer am Rhein
Viele Hunderte Meter hoch und tausende Meter breit
Auf den Domdächern restaurieren Giraffen Fassaden
Aus ihren Mäulern pusten Farben entlang alter Mauern
Wie aus Springbrunnen tobt bunte Masse in die Luft
Ziert die alten Wände und erweckt magische Momente
Geister der Dreikönigskirche wundersam wiederbelebt

Auf ebenen schwebenden Wolkenflüssen über dem Rhein
Sitzen liegen und hocken einige und diese eine Menschheit

## II.

Dante liest aus der Göttlichen Komödie und
Balzac aus seiner Menschlichen Komödie vor
Kafka erläutert seinen Prozess
Joyce die Ulysses
(damit auch Kurt endlich Klarheit hat[7])
Mann rezitiert aus den Buddenbrooks
Goethe aus seinem Faust
Baudelaire fordert das Grundrecht auf den Rausch
(mit Dionysos als seinem größten Verfechter)
Büchner trifft auf Leonce und Lena

---

[7] Kurt Tucholsky befand, dass die Ulysses überwiegend langweilig sei. Er rätselte jedoch, ob dies an der schlechten Übersetzung lag oder schlicht und einfach daran, dass Joyce es nicht geschafft habe, Gedanken/Emotionen von Menschen darzustellen. Er vermutete letztlich Zweiteres, konstatierte aber, dass dies wohl - nachdem er Freud kennenlernte - niemandem gelingen würde.

Proust liest in einem Zug
´Auf der Suche nach der verlorenen Zeit´
Und jeder hört zu
Die Zeit Die Zeit
Die Zeit Die Zeit Die Zeit
Wird nie
Wieder
Beweint

**III.**

Jeder trifft Verstorbene wieder
Der Tod wird nun weggedacht
Träume und Frieden und jeder
Gibt gegenüber jedermann Acht
Sehen ohne Pausen ohne Lider
Im Chor singen sie neue Lieder
Mit einem Mal steht die Zeit still

**IV.**

Jeder weiß was jeder je wusste
Jeder will was jeder je musste
Wolken öffnen ihre Münder
Die Sonne zwinkert
Alles lacht

-

Ich
habe mir
den Wahnsinn
selbst angeeignet
ohne Anleitung
ging es ins
Verrückt
sein

Prost Käpt'n Blaubär
du humanoides Raubtier
sauf dem W. Moers alles weg
wenn alles weg ist, ist alles futsch
wie die Schwalben über Fushi-Yama
oder die Schwalbe vom 13. April 1995
Andy Möller

Quatsch Quatsch Quatsch
Quatsch Quatsch
Quatsch
Quaaaaaaaaaaaaaaaaatsch

-

## Anglisiert / neuer Neologismus

**I.**

als ich irgendwann einmal das Wort Interjektion
las, assoziierte ich damit das Wort Interjerktion,
um festzustellen, dass es Interjerktion nicht gibt.

Assoziation mit Nichts, mit
bevorstehender Schöpfung
Mit einem Neologismus?

**II.**

jerk bedeutet übersetzt
wichsen, Trottel, Arsch, zucken, Knilch, Dämlack, Tubel u.a.
und Tubel wird nur im Schweizerischen gebraucht, z. B.:
En Tubel nennt mer en Person, wo en Seich abloht,
sich ungschickt verhaltet oder sich echli blöd aastellt.

**III.**

Interjerktion bedeutet demnach z. B. der
Moment zwischen zwei Trotteln zu stehen
oder ...

-

meine guten absichten und vorsätze
werden durch medienkonsum
konterkariert

ich leiste geharnischten Protest!
doch stellen Suchten oder
beinahe-Suchten
die Motivation
auf die Probe

ich
wollte mehr obst essen
häufiger sport machen
nachts weniger gedanken denken
und demnächst ein buch über Quarks und Co. lesen
doch am ende des tages quak und quak und quak ich
wie ein frosch und dabei kommt nur Quark herum

-

den Tag mit Hopsen überstehen,
mit Nase popeln, rückwärtsgehen,
einen Furz im Erlenmeyerkolben
fangen, daran freudig schnuppern

-

Immer gegen
rund um
kurz vor
kurz nach
um ca.
12 Uhr
klopf ich mit beiden Händen auf die
Schuhe

-

## I. logisch

schießen ins Abseits
leben im Diesseits
denken ans Jenseits

## II. mittellogisch

es lag ein Gedanke auf der Tragfläche
und geriet gelegentlich in Turbulenzen
verwickelt in einer Selbstbeobachtung
gefangen gehalten im Magnetismus

## III. unlogisch

Und dann verliert der Mut
die Achtung vor sich selbst

**-**

hunderte Mal den Raum durchschritten
immer wieder die Wände gestreichelt
die Decke unter dem Fuß verloren
gealtert in Vielleicht-Zuständen
am Abwarten den Tod erlitten
in Fragen sich selbst erstritten
auf Routinegefühle geritten
Dank an Maß und Sitten

-

(Intro)
Tüdüdüdüdüdüüüü
Tüddü tüddüüüü tüdü tüüü.

Ey dü daa,
ich war gerad auf wikipediaa:
„Apfelmus, Apfelbrei oder Apfelkompott ist ein Mus aus Äpfeln.“
Bockwurst schmeckt mir warm auch guuhht
Mein Hobby ist der Zahnarzt,
wenn ich mich pikse sehe ich Blu u u uuht.

Ich will Gruppenrabatt,
aber in keiner Gruppe sein,
ich will der Führer sein,
doch ohne Führerschein,
ich will in keine Schublade,
ich will Frauen ohne Tage,
ich will weiße Unterhosen mit Bremsspur
rund um die Uhr,
damit wär ich allein auf weiter .....
Wiese.

-

wenn mit einem mal und plötzlich jedes ding in poesie erscheint
dann verging vergänglichkeit und alles erscheint nunmehr nützlich

wenn mit einem mal und plötzlich niemand mehr seine meinung meint
dann meine ich meine meinung meine und meine meine meinung mein

die gedanken der gegenwart werden gestrichen
das seil der erinnerungen wird durchschnitten
die gegenwart bietet versöhnung an
was bleibt: verlust und einsamkeit

-

In jede Luft schneide ich
Ein jedes meiner alten Ichs
Berühre tausende Schatten
Erwarte mich
Und bleibe Ich

Alle Klänge Alle Farben
Alle Dränge Alle Narben
Sind Teile meiner Ich´s
Und Teil meines Wäre

-

## lecker

Der große Mund öffnet sich ganz, ganz weit,
nervös bibbern die roten, sinnlichen Lippen
und herein kommt der weltweite Dixi-Unrat
der letzten zehn bis elf Jahre; guten Appetit.

-

## Ganze Kurzgeschichte

Ich stelle mir vor,
wie sie Hitler seinen Schnurrbart abrasieren
und Hitler ihn bei Putin auf dessen Glatze klebt,
dann könnte Hitler Putin auf seine Glatze onanieren,
ohne dass dieser im Spermaregen steht.

Das wäre eine sogenannte win-win Situation ...,
auch für Hitler, denn damals waren Hipsters out.

-

## Meine momentanen Interessen

Ich gucke gerne auf das Firmament,
wenn dieser voll mit Sternen bestickt ist,
denke häufig darüber nach,
wie viele Sekunden seit dem Urknall vergangen sind,
schaue regelmäßig Die Tagesschau vom 17.07.1953,
stelle Vergleiche an zwischen
Arthur Schopenhauers „Die Welt als Wille und Vorstellung",
Bertrand Russels „Principia Mathematica"
und Astrid Lindgrens „Pipi Langstrumpf"
oder frage mich,
warum ich nie „Pu der Bär" gelesen habe,
verschwende in meiner Freizeit gerne meine Zeit
und ergehe mich in oberflächlichen und seichten,
aber auch zutiefst schwer tiefgründigen Gedanken.

-

## Zum Spaß und King of Rap

**1.**

Ich habe eben einen 100 €-Schein verbrannt
und dann, weil es so viel Spaß gemacht hat,
einen 200 €-Schein.

**2.**

Ich hab Gangsta Rap Torrett
Ich FICKE deine mutter, FICK FICKE deine mutter
Ich FICKE deine mutter, FICK FICKE deine mutter

-

## goodbye or hello my life
## oder: hallo anders und aus

pustelblumekindheitsglück
wolkenkarte
blaufundiert
biene am teichgeplätschertropfen
schwirrend
summend

ich tue etwas
was ich zuvor
noch nie tat:

ich schaue in den spiegel
für 56 Jahre und 3 Tage
dann ist der Tag meiner
geburt

nun habe ich zeit das gesicht meiner träume zu studieren
ich werde wohl ein tagebuch führen alles was dazu gehört

hautschuppen
aus schwarzen nasenhaaren werden graue
und bunte und blaue

pupillen sind bereits in den ersten minuten der studien höchst
interessant

werde mich allein 14 jahre der nase widmen und 4 jahre
jeder augenbraue

ich werde sehen wie mein (?) körper sich in 7 Jahren einmal ganz
erneuert

sehe es doch irgendwie nicht denn was ich sehe ist
das ergebnis sehen und der rest nur prozesse und
scheinbares zuschauen denn keine essentiellen
veränderungen
beobachten
kann

jetzt habe ich zeit mein eigener designer von tatsachen zu sein
ich kreiere mir 56 Jahre unlustige Fuckten und Neologismen

**Danksagungen**

Für die unermüdliche und großartige Hilfe bei der Gestaltung des Covers geht ein dickes Dankeschön an Dennis Vehring. Für die sorgsame Durchsicht des Manuskripts und nützliche Hinweise sowie notwendige Korrekturen bedanke ich mich besonders bei Henning Hübner. Darüber hinaus bin ich Jochen für seine inhaltliche Kritik zu Dank verpflichtet. Allen drei Freunden danke ich für die Zeit, die sie sich für die Mithilfe und das Lektorat genommen haben.